Dieses Buch ist für

_____

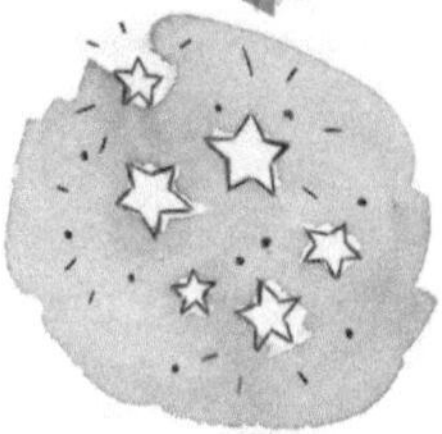

von

_____

edition
riedenburg

Für TILDA
wir lieben dich
unendlich
und für immer

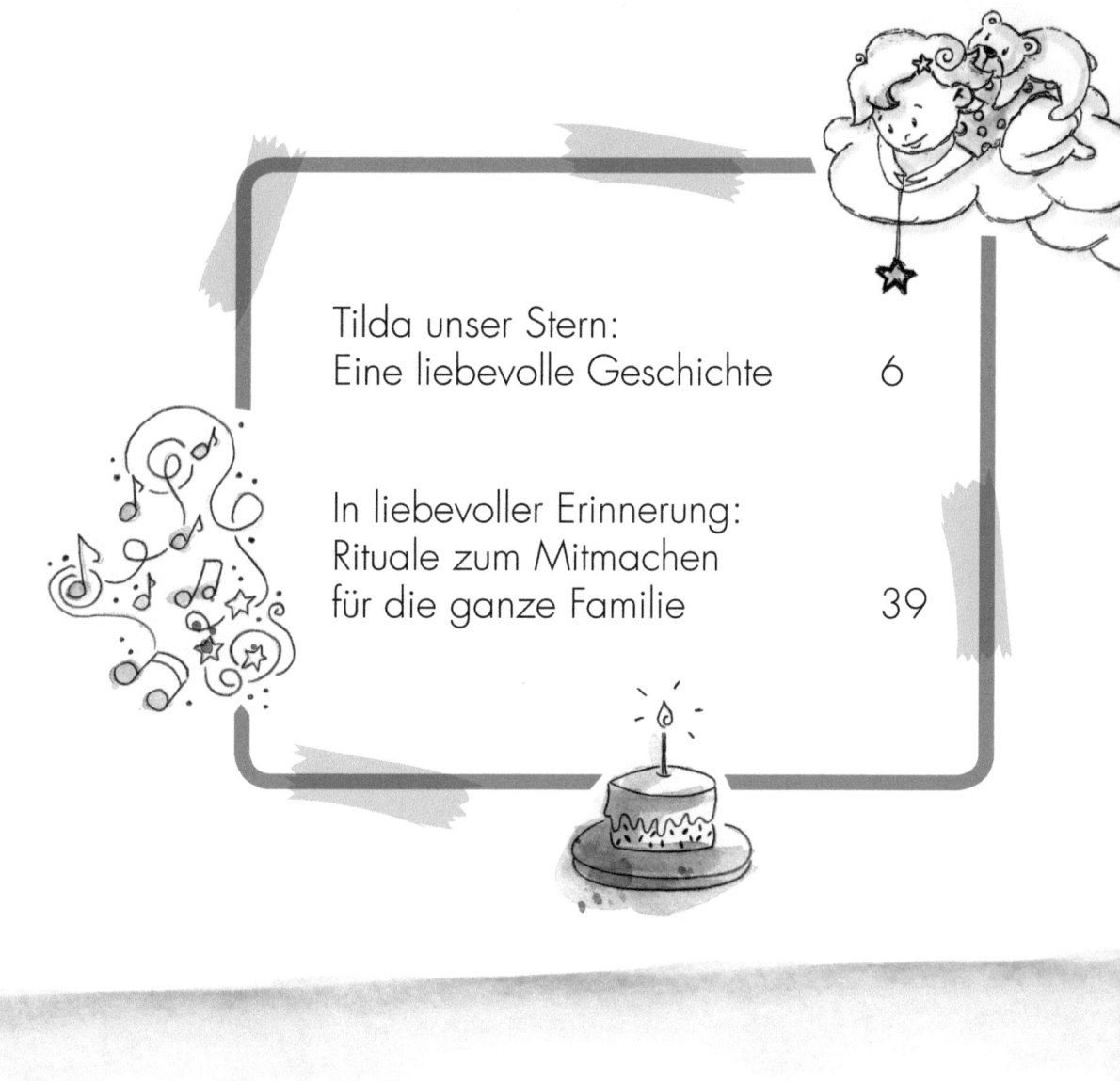

Im Sternbild Herkules wohnt Tilda, der wundervollste und hellste aller Sterne.

Tilda hat dort am Himmel ganz viele Freunde, mit denen sie spielt und glücklich ist.

Besonders gern ist sie mit ihren Sternenfreundinnen Ida und Paula zusammen. Die Drei haben sich am ersten Sternenkindergartentag kennengelernt und sind seitdem die besten Freundinnen.

Tilda, Ida und Paula lieben es, im süßen Sternenstaub Schlitten zu fahren, auf bunten Regenbogen zu rutschen, im Wind zu schaukeln und auf den Sonnenstrahlen zu tanzen.

Tilda wohnt aber auch bei ihrer Mama und ihrem Papa – in ihrer Erinnerung, in ihren Gedanken und ihren Herzen. Denn Tilda ist gestorben.

Tilda und ihre Familie lieben einander trotzdem sehr.

Von dieser Liebe und wo und wie du sie sehen kannst, möchte ich dir erzählen.

Schau dich mal in Tildas Zuhause um.
Dort findest du überall Bilder von ihr:

Aus der Zeit, in der sie in Mamas
Bauch gelebt hat ...

... aber auch nach der Geburt, als Tilda schon gestorben war.
Auf diesen Bildern schenkt Tilda allen immer ein Lächeln.
In diesem Lächeln siehst du die Liebe leuchten.

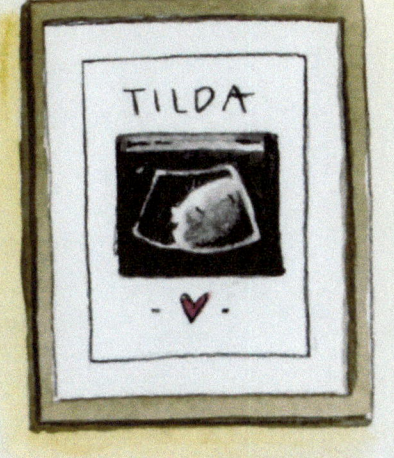

Tilda reist mit ihrer Familie gemeinsam von
einem Ort zum nächsten. Denn in Gedanken
ist sie immer und überall mit dabei.

An jeden ganz besonders
wundervollen Platz
wird ein Stein mit ihrem
Namen gelegt.

LOVE

12

Damit all die Reisen und Orte,
an denen die Steine liegen,
nicht vergessen werden,
wird ein Foto gemacht.

Tildas Cousin fotografiert gerne
alles, das ihn an Tilda erinnert.
Er macht ein Foto von jedem
schönen Blatt und jedem
einzigartigen Baum, in dem er
eine Verbindung zu ihr sieht.

Seine Fotos klebt er in ein
Fotoalbum. So denkt er an seine
kleine Sternencousine und
sagt ihr, dass er sie lieb hat.

13

Tilda ist natürlich auch bei allen
Festen dabei, die gefeiert werden.

Deshalb wird bei jeder Feier
und jedem Geburtstag in ihrer
Familie ihre Kerze angezündet.

Bei jedem Weihnachtsfest wird auch Tildas Weihnachtskugel an den Baum gehängt und sie erhält ein Geschenk von ihrer Familie.

Und zu Ostern werden nicht nur die Osternester versteckt, sondern auch der Kuschelhase von Tilda.

Natürlich wird auch der
Geburtstag von Tilda gefeiert.
Das ist ein ganz besonderer Tag
für alle, denn an diesem Tag
strahlt Tilda besonders hell.

Ihre Familie backt einen großen Geburtstagskuchen
und alle kommen zusammen, um an Tilda zu denken
und gemeinsam zu den Sternen zu schauen.

17

Tildas Mama verbringt viel Zeit mit
Tilda, indem sie für sie schreibt.
In Briefen und Geschichten notiert
sie ihre Gedanken und Gefühle.

Mama ist in diesen Momenten
ein bisschen traurig, aber auch
unbeschreiblich glücklich und in
Liebe mit Tilda verbunden.

Tildas Papa und Mama hören
auch sehr gerne Musik,
die sie an Tilda erinnert.

So spüren sie – und bestimmt
auch Tilda – die gemeinsame
Liebe ganz besonders.

Tildas Papa macht sogar selbst
Musik und hat ein wunderschönes
Lied für sie geschrieben, das er
immer wieder für sie spielt.

Wenn Tildas Mama und Papa besonders
liebevoll an sie denken, besuchen
sie auch ihr Grab und bringen ihr
eine Kerze oder eine Blume.

Tildas Cousine hat ihr einen
kleinen Stoffhund geschenkt
und ihn zum Grab gebracht.

Sky passt dort auf Tilda, Ida, Paula
und die anderen Sternenkinder
auf und spielt mit ihnen.

Damit alle – ob nah oder fern – Tildas kleinen Garten erleben und Tilda in diesen besonderen Momenten spüren können, schickt Tildas Mama der Familie Bilder.

Die Patenkinder von Tildas Mama
sammeln sehr gerne Blätter.

Vor allem solche, die aussehen
wie ein Stern. Diese Blätter
erinnern sie nämlich an Tilda.

Alle haben Tilda sehr lieb
und denken so an sie.

Auch im Baum, den Onkel, Oma und
Opa im Garten gepflanzt haben,
ist Tilda für die Welt sichtbar.

Denn es ist Tildas Baum, der
hier in die Zukunft wächst.

Tildas Mama und Papa haben
etwas ganz Besonderes für ihr
Sternenkind Tilda gemacht:

Sie haben einen echten Stern
auf ihren Namen taufen lassen.

Und außerdem haben sie ein
Sternbild gezeichnet, das sie an
Tilda erinnert. Das gibt es nicht
nur auf Papier, sondern sogar auf
ihren linken Armen als Tattoo.

So sind sie immer mit ihrem
süßen Stern verbunden.

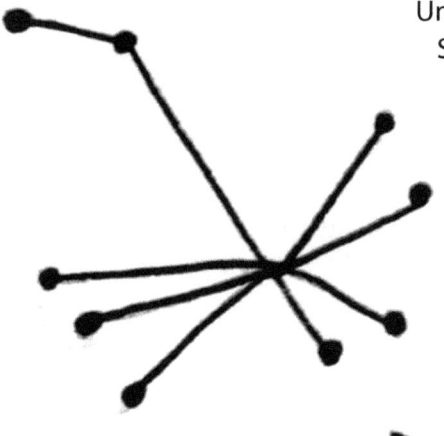

TILDA

Damit Tilda auch ein sichtbarer
Teil der Liebe zwischen Mama
und Papa ist, haben beide
Tildas Namen in ihre Eheringe
einschreiben lassen.

Tilda hat einen besonderen Platz bei Mama und Papa zu Hause: Eine Kommode, die nur ihr gehört.

Darin sind Fotos von Tilda, Erinnerungsalben, Geschenke und liebevolle Andenken.

Tilda freut sich sehr, wenn ihre Familie von ihr redet. Deshalb schließen Mama und Papa sie immer in ihre Abendgebete mit ein.

Auch Tilda zeigt ihrer Familie
immer wieder ihre Liebe.

Sie schenkt ihren Tanten und
Onkeln einen Sonnenstrahl, wenn
der Himmel dunkel ist. Oder sie
lässt Glocken läuten, wenn ihre
Omas und Opas liebevoll an sie
denken und von ihr reden.

Sie hilft ihrem Cousin und
ihrer Cousine, wenn sie traurig
sind, denn dann leuchtet sie in
dunklen Nächten besonders
hell und tröstet sie.

Auch das ist ihre Liebe.

Als Tilda nach
einiger Zeit eine
kleine Schwester
bekommt, passt sie
wie ein Schutzengel
auf sie auf.

Sie freut sich immer sehr, wenn
Mama dem kleinen Baby ihr
Sternenlicht anmacht und
dazu das Tilda-Lied singt.

Dann ist sie ganz nah und das
Baby spürt, dass es eine große
Schwester im Sternenhimmel hat.

35

Tilda und ihre Familie sind
sehr eng verbunden.

Diese wundervolle Liebe
ist jeden Tag spürbar und
wird für immer bestehen.

In liebevoller Erinnerung:
Rituale zum Mitmachen
für die ganze Familie

Rituale

Wenn ein Baby stirbt, gibt es kaum etwas, das an dieses kleine Kind erinnert. Gerade dieser Umstand macht die Trauer oft so schwer.

Sternenkinder in der Familie sichtbar zu machen, nicht ohne sie, sondern mit ihnen weiterzuleben, ist ein wichtiger Teil der Trauerarbeit.

Dabei geht es zum einen darum, Sternenkinder in besonderen Momenten sichtbar zu machen, und zum anderen auch darum, sie in den Alltag zu integrieren.

Die Geschichte von Tilda zeigt Möglichkeiten, an Sternenkinder zu denken und über sie zu sprechen. Sie kann daher Impulse für eigene Rituale rund um ein Sternenkind geben.

Rituale sind ressourcenorientierte Handlungen, die helfen sollen, das Schlimme aushaltbar und das gestorbene Baby greifbar zu machen.

Wie ein gutes Ritual aussieht, ist von Mensch zu Mensch verschieden. Darum sind die verschiedenen Beispiele für Rituale auf den folgenden Seiten nur Angebote aus einer unendlichen Menge von Möglichkeiten.

Machen Sie sich auf, diese Möglichkeiten zu erkunden. Immer mit dem Blick auf das, was sich gut und hilfreich anfühlt.

Und sollten Sie nicht selbst betroffen sein, nutzen Sie die folgenden oder andere Rituale, um Eltern und andere Angehörige von Sternenkindern zu unterstützen.

Ritual 1

Die Welt von heute ist eine Welt der **Bilder**. Vielleicht gibt es Fotos des Sternenkindes, die Sie betrachten, sortieren, in ein Album einkleben, mit digitaler Technik bearbeiten oder zu Collagen verarbeiten können.

Oder Sie haben Freude daran, Motive zu fotografieren, die Sie mit dem Sternenkind verbinden. Auch diese lassen sich weiter verarbeiten.

Unsere Ideen

Ritual 2

Das Sternenkind kann symbolisch bei dem, was Sie tun, dabei sein. Welches Symbol steht für Ihr Sternenkind? Dieses können Sie an verschiedene **Orte** mitnehmen (z.B. einen besonderen Stein) oder dort entstehen lassen (z.B. Name im Sand). Vielleicht bringen Sie aber auch ein Symbol, das Sie an das Sternenkind erinnert, von jenen Orten mit.

Unsere Ideen

Ritual 3

Da der Platz des Sternenkindes im Herzen schlecht zu sehen ist, kann es hilfreich sein, die innige Verbundenheit nach außen zu tragen. Ein **Tattoo** oder **Schmuck** als Sinnbild für das Sternenkind können sichtbare Zeichen des Miteinanders sein.

Unsere Ideen

Ritual
4

Eine **Kerze** für Verstorbene anzuzünden, ist ein weltweit verbreitetes und verstandenes Ritual. Im Wortsinn bringt eine Kerze Licht in das Dunkle, Schlimme des Geschehenen.

Das Ritual nutzt auch die Initiative der Compassionate Friends „Ein Licht geht um die Welt". Dabei werden jeweils am ersten Sonntag im Dezember um 19 Uhr Ortszeit Kerzen für verstorbene Kinder entzündet. Durch die unterschiedlichen Zeitzonen wird das Licht um die ganze Welt getragen.

Unsere Ideen

Ritual

5

Feste, die bedeutsam sind – im christlichen Kulturkreis sind das vor allem Weihnachten und Ostern, in anderen Kulturkreisen gibt es zahlreiche weitere Feste – erinnern besonders daran, wie sehr ein Sternenkind fehlt.

Solche Anlässe mit dem Sternenkind zu feiern, kann auf vielfältige Weise geschehen. Es kann Teil von Gebeten und Fürbitten sein, es kann Geschenke erhalten und Teil von Familientraditionen (z.B. Weihnachtsfigur) werden.

Unsere Ideen

Ritual 6

Am **Geburtstag** des Sternenkindes – und vielleicht auch an seinem Todestag – wird besonders schmerzlich bewusst, wie anders das Leben miteinander gedacht war.

Aber gerade dieser Tag ist auch ein feierlicher Anlass. Er macht das Wachsen des Sternen- und des Trauerkindes deutlich.

Und er kann Gelegenheit sein, traditionelle Geburtstagsrituale – Kuchen, Geschenke, Geburtstagsaktivitäten – zu leben und so Freude und Trauer zu verbinden.

Unsere Ideen

Ritual 7

Musik ist besonders geeignet, Menschen emotional zu berühren. Lieder zu hören, sie zu singen oder sogar bestehende Lieder passend zu verändern bzw. selbst zu verfassen, berührt auf eine besondere Art und Weise.

So lassen sich unterschiedliche Stimmungen zum Sternenkind fassen – und manchmal fließen dabei die Tränen leichter.

Unsere Ideen

Ritual 8

Viele Menschen entdecken in der Trauer neue Wege der Kommunikation mit dem Sternenkind. Briefe, Tagebücher, Erinnerungsalben und viele andere Formate laden dazu ein, die eigenen Gedanken und Gefühle in ihrer ganzen Intensität Schwarz auf Weiß festzuhalten.

Aber nicht nur das **Schreiben**, auch andere gestaltende Tätigkeiten – **Malen**, **Basteln**, **Textilarbeiten** – können die eigenen Gedanken in Form bringen.

Unsere Ideen

Ritual 9

Wenn sich auch kein Stern tatsächlich kaufen und umbenennen lässt, so kann doch eine **Sternentaufe** ein trostspendendes Ritual und eine **Sternenpatenschaft**, die eine Sternwarte unterstützt, ein kraftvolles Symbol für das neue Zuhause des Sternenkindes sein.

Die zugehörige Urkunde ist ein sichtbares Zeichen für den Platz, an dem das Sternenkind nun weilen mag.

Unsere Ideen

Ritual 10

Eines der ältesten Rituale im Zusammenhang mit dem Tod eines Menschen ist die Pflege seines Grabes.

Wie ein **Grab** aussieht, ist höchst unterschiedlich, lediglich gesetzliche Vorgaben schränken die eigene Entscheidung ein.

Doch gerade die Gräber von Sternenkindern dürfen heute in unterschiedlichster Form gestaltet werden: mit Blumen, Symbolen, Kuscheltieren, Kunstgegenständen, Kerzen und vielem mehr.

Unsere Ideen

Ritual 11

Überall in der Natur, aber auch im all-
täglichen Umfeld lassen sich **Symbole**
finden, die als Erinnerung an das Sternenkind gesammelt werden können.
Dabei kommt es nicht auf die tatsächliche
Verbindung an, sondern das persönlich
Trostreiche in diesen Symbolen – seien es
Blätter, Herzen, Engel oder etwas ganz
anderes.

Unsere Ideen

Ritual 12

Jeder Mensch hat **Wohlfühl- oder Sehnsuchtsorte**. Vielleicht ist einer dabei, der sich gerade in der Trauer und Erinnerung an ein Sternenkind besonders tröstlich anfühlt.

Wenn dieser Ort in der Nähe des eigenen Zuhauses liegt, kann er auch im Alltag Kraft spenden. Ist er weiter entfernt, eignet er sich womöglich für besondere Anlässe.

Unsere Ideen

Ritual 13

Wächst ein Sternenkind? In einem symbolisch gepflanzten **Baum** ganz sicher. Und so finden manche Menschen Halt und Trost in dem Gedanken, einem kleinen Bäumchen über die Jahre beim Wachsen zuzusehen.

Auch **Baumpatenschaften** im öffentlichen Raum, manchmal sogar mit einer Widmung, sind möglich und stellen eine sichtbare Verbindung her.

Unsere Ideen

Ritual 14

Es gibt rituelle Formen des **Sprechens** – das Gebet, die Formel, den Refrain. Doch auch das Reden miteinander kann ein hilfreiches Ritual sein.

Vor allem, wenn die Möglichkeit besteht, Erlebtes zu wiederholen und eigene, neue Gedanken dazu in Worte zu fassen, um zu begreifen.

Unsere Ideen

Ritual 15

In manchen **Naturphänomenen** lassen sich Zeichen des Sternenkindes erkennen, die stärkend sind.

Sterne, Regenbogen, Schmetterlinge, sichtbare Sonnenstrahlen und auffällige Wolkenformationen sind besonders häufig gesuchte Verbindungen zu dem so fernen und doch nahen Baby.

Unsere Ideen

Ritual 16

Rituale für ein **Geschwisterkind** sind besonders wichtig, schließlich ist die Sternenschwester oder der Sternenbruder nicht so greifbar.

Dazu braucht es mehr als ein Sprechen über das Sternenkind. Gerade Musik, Bilder, aber auch symbolische Gegenstände (wie zum Beispiel ein Sternenlicht) ermöglichen ein Fühlen der Geschwisterbeziehung.

Unsere Ideen

Ritual

Besonders schön ist ein **persönliches Ritual**.
Die Freiheit zu fühlen, dass die eigenen Empfindungen und das eigene Wohlbefinden im Mittelpunkt stehen, ist eine große Kraftquelle.

Wie das Ritual aussieht, kann hier notiert werden:

Alles hat seine Zeit

Das Wichtigste an Ritualen ist ihre zeitliche Begrenzung.

Rituale sollen Unterstützung bieten, wenn Halt nicht mehr vorhanden ist. Wenn sie zur lästigen Pflicht werden, ist es Zeit, sich von ihnen zu trennen.

Nicht im Festhalten, sondern im Loslassen liegt die größte Stärke.

Vielleicht braucht es zu diesem Schritt ein weiteres Ritual, ein **Ritual des Abschieds**. Eventuell wollen Briefe verbrannt, Andenken weggepackt und Orte verlassen werden.

Möglicherweise aber auch nicht. Ganz nach der Gewissheit: Alles hat seine Zeit.

Nicole Baumann-Kolonovics ist die Mutter von Sternenkind Tilda. Inmitten der Trauer um ihre Tochter hat sie als eine Ausdrucksmöglichkeit das Schreiben für sich entdeckt und dadurch gelernt, die unermessliche Traurigkeit und die tiefe Liebe nebeneinander sein zu lassen. Überwältigt und erfüllt von dieser wundervollen Liebe zu Tilda ist es ihr ein besonderes Anliegen, die Liebe und Verbundenheit zu benennen und sie wirken zu lassen, um damit Familien mit Sternenkindern zu helfen.

Heike Wolter ist Historikerin, Referentin zu den Themen Geburtshilfe, Schwangerschaft und Wochenbett, Autorin und Lektorin. Als Mutter von sechs Kindern, davon ein Sternenkind, bringt sie persönliche Erfahrungen in sensible Bücher ein. „Mein Sternenkind", „Mein unsichtbares Kind" und „Meine Folgeschwangerschaft" sowie das Bilderbuch „Lilly ist ein Sternenkind" thematisieren aus anderen Blickwinkeln den Verlust.

Heike Wolter
Regina Masaracchia

Lilly ist ein Sternenkind

Das Kindersachbuch zum Thema
verwaiste Geschwister

Reihe „Ich weiß jetzt wie!", Band 11

Paperback, 17 x 19 cm
ISBN 978-3-902647-11-5

edition riedenburg, Salzburg
im Buchhandel

Wenn das neugeborene Geschwisterchen stirbt, ist die Trauer unermesslich groß. Doch wie können Eltern, Großeltern und andere Erwachsene kleinen Kindern das Unbegreifliche begreiflich machen?

Im Gedenken an ihre verstorbene Tochter Lilly und als Hilfe für andere Betroffene hat Heike Wolter das Kindersachbuch „Lilly ist ein Sternenkind" verfasst. Es ist als Band 11 der Kindersachbuchreihe „Ich weiß jetzt wie!" erschienen, deren Begründerin Regina Masaracchia auch dieses Buch feinfühlig und stimmungsvoll illustriert hat.

„Lilly ist ein Sternenkind" enthält eine farbig gestaltete Bildergeschichte über Lillys frohe Erwartung und ihren traurigen Abschied, die je nach Ausführlichkeit des Vorlesens sowohl für Kinder ab zwei Jahre als auch für ältere Kinder geeignet ist. Anschließend gibt die Autorin in einem Sachteil hilfreiche Tipps im Trauerfall. Ein Glossar mit häufig verwendeten Begriffen sowie nützliche Adressen ergänzen das Buch.

Empfohlen vom VEID, Bundesverband Verwaiste Eltern in Deutschland e.V.

Verena Herleth
Vergebliches Warten
Familie Vogel und der Abschied für immer

Reihe „MIKROMAKRO", Band 1
Paperback, 21 x 15 cm
ISBN 978-3-903085-40-4

Verena Herleth
Cato, der Seelenträger
Das Bilderbuch zum Leben der Seelen

Reihe „MIKROMAKRO", Band 3
Paperback, 21 x 15 cm
ISBN 978-3-99082-001-8

Anna-Maria Böswald, Verena Herleth
Trotzdem großer Bruder
Katerkind Ludlu besucht sein
Sternengeschwisterchen

Reihe „MIKROMAKRO", Band 6
Paperback, 21 x 15 cm
ISBN 978-3-99082-028-5

edition riedenburg, Salzburg | im Buchhandel

Heike Wolter

Mein Sternenkind

Begleitbuch für Eltern, Angehörige
und Fachpersonen nach Fehlgeburt,
stiller Geburt oder Neugeborenentod

Paperback, 17 x 22 cm
ISBN 978-3-902647-48-1

edition riedenburg, Salzburg
im Buchhandel

Nach dem Verlust eines Kindes braucht es Zeit, um wieder zurückzukommen in ein Leben, in dem man sich selbst aufgehoben und versöhnt fühlt mit dem unfassbaren Schicksalsschlag. Um auf dem Weg der Trauer und der Neuorientierung vorangehen zu können, bedarf es vieler Dinge: zum Beispiel der Gewissheit, dass man nicht allein ist und dass es Möglichkeiten gibt, (sich selbst) Gutes zu tun.

Zentral sind die Erfahrungen anderer Menschen, die Ähnliches durchlebt, durchlitten und in ihr Leben integriert haben, denn sie können dabei helfen, wieder ins Gleichgewicht zurück zu finden. In diesem Begleitbuch kommen daher neben der Autorin auch Eltern zu Wort, die ein Kind oder mehrere Kinder verloren haben. Im Fokus stehen ihre ganz persönlichen Verlusterfahrungen, die Entwicklung der Trauer und das Heilwerden, das kein Vergessen meint, sondern ein dankbares Erinnern an die viel zu kurze gemeinsame Zeit mit dem Sternenkind.

Mit konkreten Informationen für Fachpersonen (ÄrztInnen, Hebammen, Stillfachpersonal, PsychologInnen, SeelsorgerInnen u.a.)

Bibliografische Information der Deutschen Nationalbibliothek
Die Deutsche Nationalbibliothek verzeichnet diese Publikation in der Deutschen Nationalbibliografie;
detaillierte bibliografische Daten sind im Internet über http://dnb.d-nb.de abrufbar.

Nicole Baumann-Kolonovics, Heike Wolter, Birgit J. Tomayer (Illustrationen)
Leben mit unserem Sternenkind

1. Auflage	August 2020
© 2020	edition riedenburg
Verlagsanschrift	Anton-Hochmuth-Straße 8, 5020 Salzburg, Österreich
Internet	www.editionriedenburg.at
E-Mail	verlag@editionriedenburg.at
Lektorat	Dr. Caroline Oblasser, Salzburg
Satz und Layout	edition riedenburg
Herstellung	Books on Demand GmbH

ISBN 978-3-99082-047-6